Kann ich dich was fragen?
Emma erklärt Ben die Messe

Dank für Rat und Unterstützung geht an: **Gerhard Krombusch** für seine kritische inhaltliche Begleitung, Vikar **Markus Püttmann** und an die Messdiener **Viktoria** und **Fynn** für ihr geduldiges, humorvolles Mitwirken.

Text: Lioba Kolbe und Svenja Kuschke

Grafik und Illustration: Karen Kliewe

Fotografien von Ansgar Hoffmann, Erzbistum Paderborn, Fachstelle Kunst

Butzon & Bercker
Bonifatiuswerk

Hey, du,

ja, dich meinen wir! Wir kennen deinen Namen zwar nicht, aber wir wissen, was für ein Buch du gerade in der Hand hast. Emma und Ben (vielleicht kennst du die beiden ja schon) machen sich mit dir auf den Weg durch die Eucharistiefeier (ein schwieriges Wort ..., aber hinten im Buch findest du eine Seite, auf der es kurz erklärt wird). Einfacher gesagt: Es geht um die heilige Messe. Kennst du dich da schon etwas aus?

Wenn nicht, dann bist du hier genau richtig! Dann geht es dir nämlich genau wie Ben. Bei Emma sieht das schon etwas anders aus. Sie kennt sich aus! Aber wenn es ganz schwierig wird, dann gibt es immer noch Onkel Paul, der ist Fachmann. Ben hat viele Fragen zur Messe und Emma versucht, sie ihm zu beantworten. Ob du auch Fragen dazu hast?

Falls Emma und Onkel Paul deine Fragen nicht beantwortet haben, dann frag einfach so lange weiter, bis du jemanden findest, der es kann ...!*

Einfach dranbleiben!   *(Groß-)Eltern, Gemeindereferentin, Pastor ...

Bis dahin LG
Lioba Kolbe und Svenja Kuschke

INHALT

Emma (10 Jahre, liebt die Natur, liest, schwimmt und reitet; trifft sich gern mit Freunden)

Ben (neu in Emmas Klasse; 10 Jahre; spielt Fußball; findet Emma spannend ..., obwohl sie ein Mädchen ist)

Emma streckt sich genüss-
lich auf der Wiese aus ...
„Herrlich, und nur noch
eine Woche bis zu den
Sommerferien ...!"
Ben grinst: „Sechs Wochen
keine Schule ...!"
Ben ist erst seit ein paar
Wochen in Emmas Klas-
se. Er ist mit seinen Eltern
aus Norddeutschland nach
Paderborn gezogen.
Emma findet Ben cool!
Und Ben ...?

Die beiden haben sich zum Chillen am See verabredet.
Denn jeder alleine zu Hause ... das ist langweilig.
Nun genießen sie die Sonne und das leckere Essen.
Emma hat sogar an Eis gedacht!!!

„Hallo, Emma …!" „Hey, Onkel Paul ! Was machst du denn hier?", ruft Emma.
„Ich komme gerade vom Schwimmen. Hast du nicht mal wieder Lust mitzukommen?"

Emma überlegt und schaut Ben an: „Hmmm, … warum nicht? Gerne! Nächste Woche sind Ferien, dann wär's super!" Onkel Paul wirft Ben einen neugierigen Blick zu und meint: „Ah, verstehe …" und grinst! „Dann melde dich! Ich muss wieder los! Die Kommunionkinder warten auf mich." Winkend fährt er weiter Richtung Kirche.

„Was war denn das für'n cooler Typ?", Ben schaut Emma fragend an. „Das ist mein Onkel. Onkel Paul ist Priester", schiebt Emma stolz hinterher.
„Priester???" … Ben verschluckt sich fasst an seinem Eis. „Wär ich nicht drauf gekommen. Spielt der auch Fußball?" „Na ja, nicht so klasse wie du, aber manchmal mit den Messdienern, wenn er mal Zeit hat!"

Ben schaut Emma nachdenklich an und schweigt.
„Hey, was ist denn los mit dir? Hat's dir die Sprache verschlagen?", will Emma wissen. Ben stottert: „Du, Emma, kann ich dich mal was fragen?"
Emma wird rot und leckt schnell ihr Eis weiter: „Jaaaa, … was denn?"

„Was ist das da an deinem Arm?"
Verdutzt schaut Emma auf ihr Handgelenk. „Ach, du meinst mein Segensbändchen." Emma strahlt und hält Ben ihre Hand unter die Nase. „Hab ich von Onkel Paul zur Kommunion bekommen. Ich hab's immer um! Steht 'n toller Spruch drauf." „Segensbändchen? Kommunion? … ich versteh nur Bahnhof", stöhnt Ben.

Nun ist auch Emma sprachlos. „Da darf man doch zum ersten Mal während der Messe zur Kommunion gehen", erklärt sie Ben.
Fragend blickt Ben Emma an: „Davon habe ich echt null Ahnung! Kannst du mir das mal erklären?"

Emma nickt: „Was willst du wissen?"
„Was macht ihr da eigentlich sonntags in der Kirche?", fragt Ben.
„Na, Gottesdienst feiern …!"

ERÖFFNUNG
Jesus sagt: Ich lade euch ein! Kommt zusammen!

Begrüßung · Schuldbekenntnis und Kyrie · Gloria · Tagesgebet

Ben: „Gottesdienst feiern? Wie ein Fest?"

Emma: „Ja, so ähnlich! Jesus lädt uns ein! Auch dich! Wir starten mit einem Lied und mit dem Kreuzzeichen. Das ist fast so was wie ein Geheimzeichen, denn es ist das Erkennungszeichen der Christen."

Der Priester begrüßt die Gemeinde mit dem Kreuzzeichen: „Im Namen des Vaters und des Sohnes und des Heiligen Geistes. Amen."
Das ist das Zeichen, mit dem du getauft und in die Gemeinde aufgenommen worden bist.
Anschließend wünscht der Priester der Gemeinde: „Der Herr sei mit euch!"
Die Gemeinde antwortet: „Und mit deinem Geiste!"

Ben: „Wie, Schuld bekennen …! Ich denke, ihr feiert …??"

Emma: „Ja, aber ein Fest kann ich doch nur feiern, wenn ich gut drauf bin, sonst macht es keinen Spaß. Alles, was mich traurig macht und bedrückt, kann ich hier vor Gott bringen. Und außerdem kann ich Griechisch, denn mit dem Kyrie bitte ich ihn, mir zu verzeihen. Krieg selbst raus, was das heißt!"

Schuldbekenntnis: Ich bekenne Gott, dem Allmächtigen, und allen Brüdern und Schwestern, dass ich Gutes unterlassen und Böses getan habe. Ich habe gesündigt in Gedanken, Worten und Werken – durch meine Schuld, durch meine Schuld, durch meine große Schuld. Darum bitte ich die selige Jungfrau Maria, alle Engel und Heiligen und euch, Brüder und Schwestern, für mich zu beten bei Gott, unserem Herrn.

Kyrie: Kyrie eleison (Herr, erbarme dich).
        Christe eleison (Christus, erbarme dich).
        Kyrie eleison (Herr, erbarme dich).

Ben: „Gloria? Wer ist das denn?"

Emma: „Nicht **wer**, sondern **was**! Das Gloria ist ein Loblied. Gott hat mir vergeben. Er nimmt mich so an, wie ich bin, und deshalb kann ich vor Freude singen und ihn loben.
Gloria ist übrigens lateinisch ... vielleicht kriegst du ja selbst raus, was es heißt ...!"

Gloria: „Ehre sei Gott in der Höhe und Friede den Menschen auf Erden."
Achtung: nur an Sonn- und Feiertagen außerhalb der Advents- und Fastenzeit.

Ben: „Will der jetzt fliegen, oder was?"

Emma: „Quatsch! Obwohl es ja fast so aussieht! Wenn Onkel Paul beim Beten die Arme ausbreitet, dann zeigt er einerseits damit, dass er ganz offen ist für Gott, andererseits aber nimmt er jeden, auch dich und deine Gedanken und Gefühle, mit hinein in sein Gebet. Du bist also mittendrin, du gehörst ganz fest dazu."

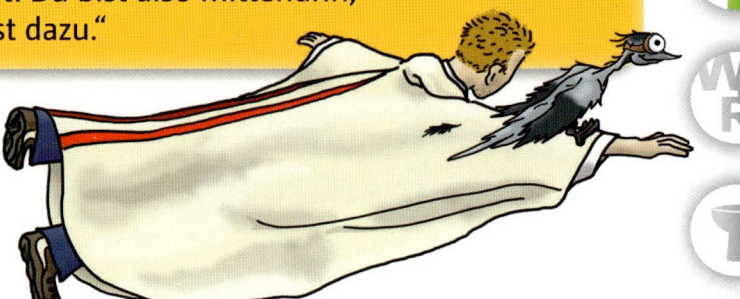

Das Tagesgebet betet der Priester mit ausgebreiteten Armen. Er fasst die Gebete aller Menschen zusammen oder betet in einem bestimmten Anliegen, z. B. für den Frieden in der Welt.

WORTGOTTESDIENST
Jesus sagt: Betet zusammen und hört auf mein Wort!

Lesungen und Antwortpsalm · Evangelium · Predigt · Glaubensbekenntnis · Fürbitten

Ben: „Na ja, das ist ja schon ein cooles Gefühl, nicht allein zu sein, sondern dazuzugehören. Was liest die denn da vor? Geschichten hören find ich ja gut …"

Emma: „Die Geschichten stehen alle in der Bibel. Sie erzählen von den Erlebnissen, die die Menschen mit Gott gemacht haben. Soll ich dir meine Lieblingsgeschichte verraten? … Das ist die von Josef und seinen Brüdern … spannend, sag ich dir."

Ein(e) Lektor/Lektorin liest vom Ambo (Lesepult):
1. Lesung aus dem AT (Altes Testament) – Antwortpsalm
2. Lesung aus den Briefen der Apostel oder aus der Apostelgeschichte aus dem NT (Neues Testament) Die Lesung endet mit den Worten: „Wort des lebendigen Gottes." Antwort: „Dank sei Gott!"

Ben: „Noch eine Geschichte? Langweilig!"

Onkel Paul: „Eben nicht! Denn nun kommt ja der Höhepunkt des Wortgottesdienstes. Es wird ganz besonders feierlich durch die Kerzen am Ambo, getragen von den Messdienern."

Das Evangelium, d. h. Frohe Botschaft, steht im NT.
Es gibt vier Evangelien, die den Evangelisten Matthäus, Markus, Lukas und Johannes zugeschrieben werden.
Vor dem Evangelium beten Priester und Gemeinde im Wechsel.
Der Priester breitet die Arme aus und sagt: „Der Herr sei mit euch."
Die Gemeinde antwortet: „Und mit deinem Geiste!" „Aus dem heiligen Evangelium nach ...").

Onkel Paul: „Wenn etwas besonders wichtig und spannend ist, dann stellen wir uns ja oft hin. Denn nun, im Evangelium, spricht Jesus selbst zu uns, zu dir und zu mir.
Bevor ich ihm zuhöre, bereite ich mich darauf vor. Ich zeichne ein kleines Kreuz auf meine **Stirn**, denn ich möchte die Botschaft **verstehen**, dann ein Kreuz auf meinen **Mund**, denn ich möchte die Botschaft **weitersagen**, und zuletzt noch ein Kreuzzeichen auf mein **Herz**, denn ich will Jesu Worte im **Herzen tragen** und so leben, wie er es gesagt hat.
So kannst du spüren, dass die frohe Botschaft Jesu, die der Priester verkündet, auch etwas mit dir und deinem Leben zu tun hat. Und deshalb hören wir das Evangelium im Stehen."

15

Alle antworten: „Ehre sei dir, o Herr." Dazu zeichnen sich alle ein kleines Kreuzzeichen auf Stirn, Mund und Herz. Die Verkündigung des Evangeliums beendet der Priester mit dem Satz: „Evangelium unseres Herrn Jesus Christus."
Antwort: „Lob sei dir, Christus."

Ben: „Wie? Jesus spricht zu mir? Abgefahren!
Aber die Geschichten sind doch uralt und langweilig."

Emma: „Mit uralt hast du recht, aber langweilig … nein!
Der Priester erklärt uns die Worte Jesu und zeigt uns, dass
sie auch etwas mit unserem, mit deinem und meinem
Leben zu tun haben. Und das kann ich dir sagen, das
kann ganz schön spannend sein, wenn Jesus in deinem
Leben vorkommt … !"

16

In der Predigt erklärt der Priester das Evangelium
und bringt es mit unserem Leben in Verbindung.

Ben: „Hey, geht das auch kürzer?"

Emma: „Nein, leider nicht! Aber du siehst die fett gedruckten Namen in dem Text. Erinnern die dich an was? Richtig! An das Kreuzzeichen … ich glaube, das ist das kürzeste Bekenntnis zu deinem Glauben, weil das Wichtigste darin vorkommt. Noch wichtiger aber ist, dass du zu deinem Glauben an Gott stehst und dass andere das an deinem Leben merken! Ach übrigens, nach dem Glaubensbekenntnis werden dann die Fürbitten gebetet."

17

Ich glaube an **Gott**, den **Vater**, den Allmächtigen, den Schöpfer des Himmels und der Erde, und an **Jesus Christus**, seinen eingeborenen **Sohn**, unsern Herrn, empfangen durch den **Heiligen Geist**, geboren von der Jungfrau Maria, gelitten unter Pontius Pilatus, gekreuzigt, gestorben und begraben, hinabgestiegen in das Reich des Todes, am dritten Tage auferstanden von den Toten, aufgefahren in den Himmel; er sitzt zur Rechten Gottes, des allmächtigen Vaters; von dort wird er kommen, zu richten die Lebenden und die Toten. Ich glaube an den Heiligen Geist, die heilige katholische Kirche, Gemeinschaft der Heiligen, Vergebung der Sünden, Auferstehung der Toten und das ewige Leben. Amen.

Ben: „Na gut, Bitten kenne ich, aber was sind jetzt schon wieder Fürbitten?"

Emma: „Fürbitten sind Bitten für andere. In den Fürbitten beten wir miteinander für die Menschen, die es gerade besonders nötig haben, denen es nicht gut geht und die Hilfe brauchen. Da fallen dir ja bestimmt auch sofort Menschen ein. Wir denken auch immer an die Verstorbenen und bitten darum, dass sie bei Gott ein Zuhause finden. Aber du kannst da auch deine eigenen Bitten leise für dich beten."

18

Fürbitten nehmen die Bitten der Gemeinde,
aber auch die Bitten der Menschen in aller Welt auf.
Ein(e) Lektor/Lektorin betet
und die Gemeinde antwortet z. B.:
„Wir bitten dich, erhöre uns."

EUCHARISTIEFEIER
Jesus sagt: Brecht das Brot und denkt an mich!

Gabenbereitung und Gabengebet · Eucharistisches Hochgebet · Vaterunser · Friedensgruß · Lamm Gottes · Kommunionempfang · Dank und Schlussgebet

Ben: „Nanu? Was bringen die denn da zum Altar?"

Emma: „Brot und Wein waren schon zur Zeit Jesu die wichtigsten Lebensmittel für die Menschen. Das Brot als Stärkung für den Körper und der Wein für die Freude im Leben. In den Gebeten bittet der Priester, dass Gott die Gaben verwandelt. Dann ist Christus in Brot und Wein ganz bei uns."

Jetzt beginnt der zweite wichtige Teil der Messe, die Eucharistiefeier. Ein schwieriges Wort, das aus der griechischen Sprache kommt. Aber es hat eine schöne Bedeutung: Eucharistie heißt Danksagung.

Onkel Paul ergänzt: „So wie Wein und Wasser sich im Kelch untrennbar miteinander verbinden, so verbindet sich Gott durch Jesus auch mit uns Menschen."

Wir sagen Jesus Danke für sein Leben, seinen Tod und seine Auferstehung. Als Erstes bringen die Messdiener eine Schale mit Brot und den Kelch zum Altar. Der Priester hält die Schale mit dem Brot über den Altar und spricht leise ein Gebet. Danach bringen die Messdiener Wein und Wasser zum Altar. In dem Kelch verbinden sich Wein und Wasser miteinander und der Priester spricht erneut leise ein kurzes Gebet.
Im Anschluss wird dem Priester ein wenig Wasser über die Hände gegossen. Dabei bittet er Gott, dass seine Schuld von ihm abgewaschen wird. Danach spricht er laut das Gabengebet.

Ben: „Hoch und runter – das ist ja wie beim Sport!
Was macht der da eigentlich? Ich versteh kein Wort."

23

Jetzt kommt das wichtigste und auch das längste Gebet in
der Messe, deswegen wird es auch Hochgebet genannt.
Zu Beginn beten der Priester und die Gemeinde abwechselnd.
Priester: „Der Herr sei mit euch." Alle: „Und mit deinem Geiste."
P: „Erhebet die Herzen." A: „Wir haben sie beim Herrn."
P: „Lasset uns danken, dem Herrn, unserem Gott."
A: „Das ist würdig und recht."

Emma: „Nun beginnt ein besonderer und geheimnisvoller Teil der heiligen Messe! Der Priester spricht jetzt genau die Worte, die Jesus bei seinem letzten Abendmahl zu seinen Jüngern gesagt hat. Jesus ist in Brot und Wein bei uns! Diese Wandlung kann man nicht mit Worten erklären. Sie ist das große Geheimnis unseres Glaubens. Jesus ist von den Toten auferstanden und lebt. Er kommt in der Gestalt von Brot und Wein in unsere Mitte. Und wir sind immer wieder eingeladen, an seinen Tisch zu kommen, um dort gemeinsam zu beten und ihn im Brot zu empfangen."

24

Nun betet der Priester allein und singt dann gemeinsam mit der Gemeinde das „Sanctus". „Sanctus" heißt übersetzt „heilig" und bringt das Staunen über Gott und seine Schöpfung zum Ausdruck – und unseren **Dank** dafür.

Jetzt kniet sich die Gemeinde hin, denn der Priester spricht die Worte, die Jesus selbst beim letzten Abendmahl mit seinen Freunden gesprochen hat. Er nimmt das Brot in seine Hände und spricht genau wie Jesus damals:

„Nehmet und esset alle davon: Das ist mein Leib, der für euch hingegeben wird."

Der Priester zeigt der Gemeinde die gewandelte Hostie und macht eine Kniebeuge. Danach nimmt der Priester den Kelch und spricht:
„Nehmet und trinket alle daraus: Das ist der Kelch des neuen und ewigen Bundes, mein Blut, das für euch und für alle vergossen wird zur Vergebung der Sünden."
Und dann erinnert der Priester uns an den Auftrag, den Jesus uns gegeben hat:
„Tut dies zu meinem Gedächtnis!"

Der Priester zeigt der Gemeinde den Kelch und macht eine Kniebeuge. Danach folgt wieder ein Wechselgebet von Priester und Gemeinde.
P: „Geheimnis des Glaubens."
A: „Deinen Tod, o Herr, verkünden wir und deine Auferstehung preisen wir, bis du kommst in Herrlichkeit."
Im abschließenden Teil des Hochgebetes danken wir Gott für Jesus Christus und sein Wirken unter den Menschen und denken an alle Menschen auf der Welt, die zu unserer Kirche gehören. Am Ende des Hochgebetes hebt der Priester die Hostienschale und den Kelch in die Höhe und spricht:
P: „Durch ihn und mit ihm und in ihm ist dir, Gott, allmächtiger Vater, in der Einheit des Heiligen Geistes alle Herrlichkeit und Ehre jetzt und in Ewigkeit."
A: „Amen."

Emma: „Das ‚Vaterunser' ist ein wunderbares Geschenk von Jesus an uns Menschen! Manchmal fallen mir nicht die richtigen Worte ein, wenn ich beten möchte. Das war auch schon bei den Jüngern so. Sie haben Jesus gefragt, wie sie am besten zu Gott beten können. Und was glaubst du, hat er ihnen geantwortet? Genau: Er hat mit ihnen das Vaterunser gebetet! Und wenn wir es in der Messe beten, dann ist das wie ein gemeinsames Tischgebet."

26

Der Priester lädt die Gemeinde ein, das Vaterunser zu sprechen:
P und A: „Vater unser im Himmel, geheiligt werde dein Name. Dein Reich komme. Dein Wille geschehe, wie im Himmel so auf Erden. Unser tägliches Brot gib uns heute. Und vergib uns unsere Schuld, wie auch wir vergeben unsern Schuldigern. Und führe uns nicht in Versuchung, sondern erlöse uns von dem Bösen."
P: „Erlöse uns, Herr, allmächtiger Vater, von allem Bösen und gib Frieden in unseren Tagen. Komm uns zu Hilfe mit deinem Erbarmen und bewahre uns vor Verwirrung und Sünde, damit wir voll Zuversicht das Kommen unseres Erlösers Jesus Christus erwarten."
A: „Denn dein ist das Reich und die Kraft und die Herrlichkeit in Ewigkeit. Amen."

Ben: „Witzig, die schütteln sich ja die Hände! Aber die Begrüßung ist doch schon lange vorbei – oder haben die das einfach verpennt?"

Der Priester bittet Gott um Frieden in der Welt und unter den Menschen. Dann spricht er:
P: „Der Friede des Herrn sei allezeit mit euch."
A: „Und mit deinem Geiste."

Onkel Paul ergänzt: „Ach Quatsch, die haben doch nicht gepennt! Immer wenn Jesus ein Haus betreten hat, hat er zuerst ‚Schalom' gesagt. Schalom ist ein hebräischer Gruß und heißt ‚heil sein'.
Jesus wünschte den Menschen ein ‚heiles und gesundes Leben', für sich selbst und mit den Mitmenschen.
Jesus wünscht, dass alle Menschen friedlich miteinander leben können. Leider gibt es auf der Welt viel Unheil, Krieg und Zerstörung. Deshalb beten wir für eine ‚heile Welt', für den Frieden in der Welt."

28

Onkel Paul weiter: „Aber auch hier bei uns ist viel Streit und Ärger. Und da Frieden bei mir und dir anfängt, gebe ich meinem Nachbarn in der Kirche die Hand und wünsche ihm den Frieden. Hey, so machen wir das doch auch, wenn wir uns mal gestritten haben …!"

29

Ben: „Wer soll denn das Lamm Gottes sein? Ich dachte, das Brot ist jetzt Jesus?"

Onkel Paul: „Das ist eine wirklich gute, aber auch schwierige Frage. Da hast du natürlich recht! Jesus kommt in der Gestalt von Brot und Wein zu uns. Brot und Wein erinnern uns an seine Liebe zu uns Menschen. ‚Lamm Gottes' ist ein anderes Symbol für Jesus. Stell dir mal ein kleines Lamm vor ...! Es ist verletzlich und kann sich nicht wehren."

Das Brot, die Hostie, wird nun von dem Priester in mehrere Teile gebrochen. Die Gemeinde betet dazu:

A: „Lamm Gottes, du nimmst hinweg die Sünde der Welt: Erbarme dich unser.
Lamm Gottes, du nimmst hinweg die Sünde der Welt: Erbarme dich unser.
Lamm Gottes, du nimmst hinweg die Sünde der Welt: Gib uns deinen Frieden."

Onkel Paul: „Und so wie ein Lamm hat Jesus sich auch nicht gewehrt gegen die Menschen, die ihn ungerechterweise zum Tod verurteilt, die ihn geschlagen und verspottet haben. Er hat das, was er gesagt und gelebt hat, nicht mit Gewalt durchgesetzt, sondern ist dafür wie ein unschuldiges Lamm umgebracht worden. Wir sagen deshalb: Jesus hat sein Leben geopfert. An Ostern hat Gott ihn auferweckt. Weil Jesus ja nicht im Tod geblieben ist, dürfen auch wir auf so ein neues Leben nach unserem Tod hoffen. Daran denken wir, wenn wir Jesus ‚Lamm Gottes' nennen."

Ben: „Ah, schon wieder das Lamm Gottes, also Jesus! Und was antwortet jetzt die Gemeinde?"

Der Priester zeigt der Gemeinde ein Stück der gewandelten Hostie und spricht: „Seht das Lamm Gottes, das hinwegnimmt die Sünde der Welt."
A: „Herr, ich bin nicht würdig, dass du eingehst unter mein Dach, aber sprich nur ein Wort, so wird meine Seele gesund."

33

Onkel Paul: „In der Bibel gibt es die Geschichte von einem heidnischen Hauptmann, der mit einer dringenden Bitte zu Jesus kommt: Herr, mein Diener liegt gelähmt zu Hause und hat große Schmerzen. Jesus sagt zu ihm: Ich will kommen und ihn gesund machen.

Da antwortet der Hauptmann: **Herr, ich bin es nicht wert, dass du mein Haus betrittst; sprich nur ein Wort, dann wird mein Diener gesund.**

Erstaunt antwortet Jesus ihm: Noch nie ist mir ein Mensch mit so einem großen Vertrauen begegnet. Geh! Es soll geschehen, was du geglaubt hast" (nach Mt 8,5 – 13). Wenn wir im Gottesdienst diesen Satz beten, dann zeigen wir damit Jesus unser großes Vertrauen zu ihm."

EVANGELIUM   Mt 8, 5–17

Viele werden von Osten und Westen kommen und mit Abraham, Isaak

✛ Aus dem heiligen Evangelium nach Matthäus.

5 In jener Zeit,
als Jesus nach Kafárnaum kam,
trat ein Hauptmann an ihn heran
und bat ihn:

6 Herr, mein Diener liegt gelähmt zu Hause
und hat große Schmerzen.

7 Jesus sagte zu ihm:
Ich will kommen und ihn gesund machen.

8 Da antwortete der Hauptmann:
Herr, ich bin es nicht wert, daß du mein Haus betrittst;
sprich nur ein Wort,
dann wird mein Diener gesund.

9 Auch ich muß Befehlen gehorchen,
und ich habe selber Soldaten unter mir;
sage ich nun zu einem: Geh!, so geht er,
und zu einem andern: Komm!, so kommt
zu meinem Diener: Tu das!, s
war erstaunt, als
te zu den

Ben: „Häh? Wo gehen die denn jetzt alle hin?"

Emma: „Die gehen nach vorne, wo der Leib Christi, die Hostie, an die Menschen ausgeteilt wird. Die Kinder, die noch nicht zur Erstkommunion gegangen sind, werden mit einem Kreuzzeichen auf der Stirn gesegnet. In der Kommunion empfangen wir Jesus Christus. Zurück in unserer Bank, knien wir uns hin und sagen Gott leise Danke dafür. Die Hostien, die übrig bleiben, werden an einem besonderen und kostbaren Ort aufbewahrt, dem Tabernakel. Das ist lateinisch und heißt übersetzt Hütte oder Zelt. In der Nähe befindet sich das ‚Ewige Licht', eine rote Kerze, die immer brennt, so wie Jesus auch immer bei uns ist."

Die ganze Gemeinde ist jetzt eingeladen, die heilige Kommunion zu empfangen. Die Kommunion teilt der Priester, der Diakon oder ein Kommunionhelfer aus. Jedem Einzelnen wird die Hostie mit den Worten „Der Leib Christi" gezeigt. Wir antworten darauf mit dem Wort „Amen", d. h. „So sei es!"

Ben: „Wie lange dauert das denn noch?"

Emma: „Gleich haben wir's geschafft!
Jetzt kommt nur noch der Segen ..."

 In dem Schlussgebet dankt der Priester Gott für Jesus,
der sich uns in Brot und Wein geschenkt hat.

ENTLASSUNG
Jesus sagt: Geht und bringt Frieden!

Segen

Ben: „Segen?"

Emma: „Wie, du kennst keinen Segen? Gesegnet zu werden tut gut, das ist etwas ganz Schönes.
Der Priester segnet uns ja im Namen des Vaters, des Sohnes und des Heiligen Geistes und wir machen das Kreuzzeichen dazu, indem wir uns segnen.
Deine Finger berühren zuerst deine Stirn, dann dein Herz und dann die linke und die rechte Schulter.
Du bist also rundherum von Gott gesegnet und angenommen, sozusagen von Kopf bis Fuß. Gott spricht dir mit seinem Segen Gutes zu. Ist das nicht wunderbar?"

Segen

Am Ende der Messe wird ein bewusster und besonderer Schlusspunkt gesetzt. Die Feier endet mit einem guten Wort für uns alle, mit dem Segen für dich und einem Auftrag an dich. Der Priester verabschiedet die ganze Gemeinde und bittet Gott um seinen Segen.

P: „Der Herr sei mit euch."

A: „Und mit deinem Geiste."

P: „Es segne euch der allmächtige Gott, der Vater und der Sohn und der Heilige Geist."

A: „Amen."

Hier schließt sich der Kreis. Zu Beginn haben wir uns gesegnet und den Gottesdienst in seinem Namen begonnen. Nun am Ende empfangen wir alle gemeinsam seinen Segen, auf den dann ein Auftrag an uns folgt:

P: „Gehet hin in Frieden."

A: „Dank sei Gott, dem Herrn."

Ben: „Nun weiß ich 'ne Menge über meinen Namen. Ben ist die Abkürzung von Benedikt. Am 11. Juli wird das Fest des heiligen Benedikt gefeiert. Das ist der Tag, an dem ganz besonders an meinen Namenspatron Benedikt von Nursia gedacht wird. Dann haben alle, die Ben oder Benedikt heißen, Namenstag."

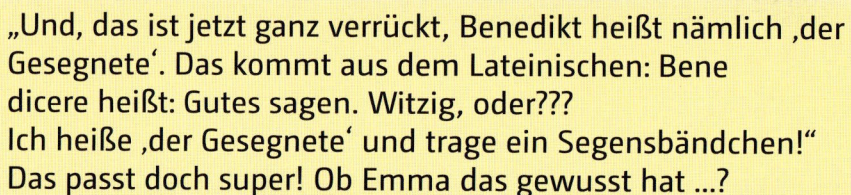

„Und, das ist jetzt ganz verrückt, Benedikt heißt nämlich ‚der Gesegnete'. Das kommt aus dem Lateinischen: Bene dicere heißt: Gutes sagen. Witzig, oder??? Ich heiße ‚der Gesegnete' und trage ein Segensbändchen!" Das passt doch super! Ob Emma das gewusst hat …?

Benedikt wurde im Jahr 480 als Sohn einer vornehmen Familie in Italien geboren und lebte lange in Rom. Später findet er es dort so schrecklich, dass er die Stadt verlässt und ganz alleine in einer Höhle in den Bergen lebt. Mönche aus einem Kloster in der Nähe bringen ihm jeden Tag Brot. So wird der Einsiedler Benedikt berühmt. Die Mönche brauchen eines Tages einen neuen Abt, das ist so etwas wie der Chef eines Klosters. Sie fragen Benedikt. Der sagt ja und lebt nun als Abt im Kloster.

Benedikt schreibt Regeln für seine Mönchsgemeinschaft, an die sich alle halten sollen. Die Mönche aber finden diese Regeln viel zu streng und wollen Benedikt schnell wieder loswerden. Sie versuchen es mit vergiftetem Wein. Als Benedikt den Kelch segnet, bricht er entzwei und eine Schlange kommt zum Vorschein. Cool, was? Ob das so stimmt? Egal, wichtig ist, Benedikt hat überlebt. Später gründet er nämlich in Italien ein großes Kloster und schreibt eine Ordensregel, die heute noch für einige Orden gültig ist. Erstaunlich – denn immerhin ist das schon fast 1500 Jahre her.

Benedikt ist der Patron, das ist so etwas wie ein Beschützer, der Schulkinder und Lehrer. Er wird auf Bildern mit einem zersprungenen Kelch, aus dem eine Schlange entweicht, dargestellt.

Emma: „Alle Infos hier kompakt zum Nachlesen!"

Agnus Dei	Ist lateinisch und heißt: „Lamm Gottes"
Altar	Ein besonderer Tisch, der Mittelpunkt der Kirche, an den Brot und Wein gebracht werden
Ambo	Lesepult
Amen	Bedeutet: „So sei es" oder „So ist es"
AT	Abkürzung für: Altes Testament
Diakon	Ein Amt in der Kirche, aber kein Priester. Der Diakon hilft dem Priester im Gottesdienst und übernimmt z. B. Taufen, Trauungen oder Beerdigungen.
Eucharistie	Bedeutet: „Danksagung"
Eucharistiefeier	Wird auch heilige Messe genannt. Wir danken in der Eucharistiefeier Gott und kommen zusammen, um in der Gemeinschaft den Leib Christi zu empfangen.
Evangelium	Bedeutet: „Frohe Botschaft"
Evangeliar	Ein häufig kostbar verziertes Buch, in dem das Evangelium steht
Evangelienleuchter	Kerzen, die zur Verkündigung des Evangeliums von Messdienern getragen werden
Ewiges Licht	Ein rotes Öllicht, das immer in der Nähe vom Tabernakel leuchtet
Fürbitten	Auf der ganzen Welt gibt es viel Leid und Unrecht. Wir beten darum, dass Gott den Menschen beisteht und sie ein besseres Leben bekommen.
Gabenbereitung	Der Altar wird durch das Bringen von Brot und Wein gedeckt.
Gloria	Ist lateinisch und heißt: „Ehre"
Kommunionhelfer(in)	Sie helfen dem Priester beim Austeilen der Kommunion.
Kredenz	Kleines Tischchen, auf dem Brot, Wein und Kelch vor der Gabenbereitung stehen

Küster	Eine Art Hausmeister in der Kirche
Kyrie	Kurzform von „Kyrie eleison", ist griechisch und heißt: „Herr, erbarme dich"
Lektor(in)	Liest im Gottesdienst die Lesung und die Fürbitten
Lesung	Ist eine Geschichte aus dem AT, der Apostelgeschichte oder aus den Briefen
Messdiener(in)	Auch Ministrantin und Ministrant genannt. Bedeutet: Altardiener. Sie helfen dem Priester im Gottesdienst z.B. bei der Gabenbereitung.
NT	Abkürzung für: Neues Testament
Pfarrer	Ein Pfarrer ist Priester und leitet die Gemeinde.
Priester	Jeder Mann, der zum Priester geweiht wurde, ist ein Priester. Er kümmert sich so um die Gemeinde, wie ein Hirte sich um seine Herde kümmert. Ein Priester hat ganz verschiedene Aufgaben: Er feiert die heilige Messe, tauft, hört die Beichte, spendet die Krankensalbung, beerdigt und vieles mehr.
Sakristei	Raum in der Kirche, in dem die Messgewänder, Kelch, Schale und viele andere Dinge aufbewahrt werden
Sanctus	Ist lateinisch und heißt: „heilig"
Tabernakel (→ S. 41)	Besonderer Ort, an dem die Hostien, der Leib Christi, aufbewahrt werden
Taufbecken	An diesem Ort wird das Kind oder der Erwachsene von dem Priester oder Diakon getauft auf den Namen des Vaters, des Sohnes und des Heiligen Geistes. Durch die Taufe wird man Mitglied der Gemeinde und der Kirche.
Vikar	Ein Vikar ist ein Priester, der in der Gemeinde der Stellvertreter des Pfarrers ist. Wenn der Pfarrer nicht da ist, übernimmt der Vikar die Aufgaben des Pfarrers.
Weihwasser	Gesegnetes Wasser, das uns an unsere Taufe erinnert
Weihwasserbecken	Ein mit Weihwasser gefülltes Becken in der Nähe vom Eingang der Kirche. Dort erinnern wir uns mit dem Kreuzzeichen an unsere Taufe.

 Hier solltest du stehen.

 Knien ist hier die richtige Haltung.

 An dieser Stelle darfst du dich setzen.

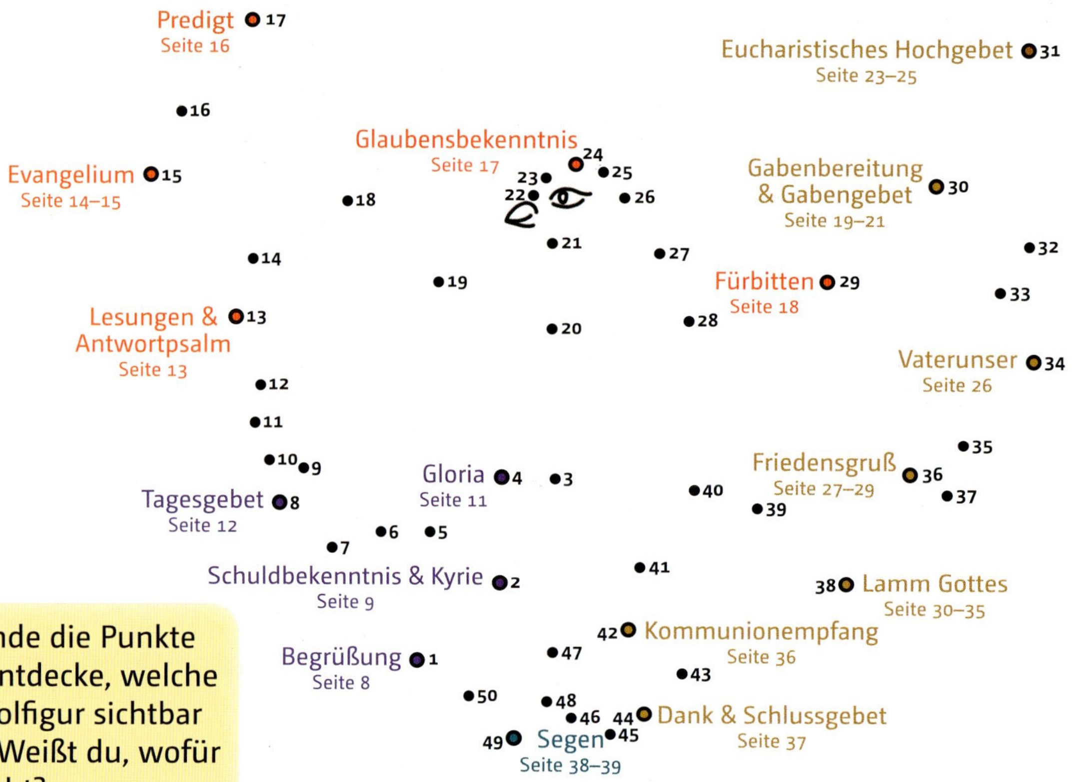

Predigt ●17
Seite 16

Eucharistisches Hochgebet ●31
Seite 23–25

●16

Glaubensbekenntnis
Seite 17   ●24

Evangelium ●15   ●25
Seite 14–15   23
                       22 ● ●26

Gabenbereitung
& Gabengebet ●30
Seite 19–21

●18   ●21   ●27   ●32

●14   ●19   ●28   ●29 ●33

Lesungen & ●13   Fürbitten ●29
Antwortpsalm   ●20   Seite 18
Seite 13

●12

Vaterunser ●34
Seite 26

●11

●10 ●9   Friedensgruß   ●35
Tagesgebet ●8   Gloria ●4 ●3   Seite 27–29 ●36
Seite 12   ●40   ●37
           ●7 ●6 ●5   ●39

Schuldbekenntnis & Kyrie ●2   ●41   ●38 Lamm Gottes
Seite 9   Seite 30–35

Verbinde die Punkte
und entdecke, welche
Symbolfigur sichtbar
wird. Weißt du, wofür
sie steht?

Begrüßung ●1   ●42 Kommunionempfang
Seite 8   Seite 36

●47

●43

●50   ●48
           ●46 ●44 Dank & Schlussgebet
49 ●   ●45   Seite 37
  Segen
  Seite 38–39

44